LA PROHIBITION
OU LA LUTTE CONTRE L'ALCOOL

— Une page sombre de l'histoire américaine

par Quentin Convard

50MINUTES

Avec la collaboration de Christelle Klein-Scholz

LA PROHIBITION — 5

CONTEXTE — 7

Les premiers mouvements prohibitionnistes

Le mouvement s'organise

La Prohibition et la lutte sociale

La Prohibition et la Première Guerre mondiale

BIOGRAPHIES — 11

George Remus, avocat germano-américain

Alphonse Capone, dit Al Capone, gangster américain

LA PROHIBITION — 15

Au regard de la loi

Une nouvelle façon de consommer

Le crime organisé

La fin de la Prohibition

RÉPERCUSSIONS — 20

Un gouffre financier

Une période sombre de l'histoire américaine

La réorganisation du crime

Des objectifs manqués

EN RÉSUMÉ — 23

POUR ALLER PLUS LOIN — 25

LA PROHIBITION

- **Quand ?** Du 16 janvier 1919 au 17 février 1933.
- **Où ?** Sur l'ensemble du territoire américain.
- **Contexte ?**
  - La réaffirmation des valeurs conservatrices puritaines.
  - La fin de la Première Guerre mondiale (1914-1918).
- **Protagonistes principaux ?**
  - George Remus, avocat germano-américain (1874-1952).
  - Alphonse Capone, dit Al Capone, gangster américain (1899-1947).
- **Répercussions ?**
  - Une nouvelle manière de consommer de l'alcool.
  - Un important manque à gagner pour l'État.
  - La réorganisation du crime.
  - La perte de la foi des Américains en la justice, les institutions et la police.

En ce début de XXe siècle, la consommation d'alcool est jugée problématique aux États-Unis. Pour tenter d'en venir à bout, une guerre sans précédent est déclarée à ce fléau qui gangrène la société. Mais, dans les faits, la production, le transport et la vente de boissons alcoolisées de plus de 0,5° s'avèrent compliqués à enrayer. Et pour cause : un véritable réseau de contrebande se met en place dès l'interdiction afin de pallier le manque de spiritueux et de fournir la boisson tant convoitée aux consommateurs.

Alors que la campagne prohibitionniste remonte à la moitié du XIXe siècle, elle ne concerne dans un premier temps que certains États. Ce n'est qu'avec le XVIIIe amendement (16 janvier 1919), qui marque la fin de la vente et de la fabrication d'alcool à des fins commerciales, que la lutte s'instaure officiellement à l'échelle nationale. Mais le camp anti-alcool est loin de s'imaginer que cette proscription entraînera une vague de criminalité et de corruption inédite et donnera naissance à une génération de dangereux gangsters qui feront plonger des villes comme Chicago dans une sombre période de violence.

CONTEXTE

LES PREMIERS MOUVEMENTS PROHIBITIONNISTES

La consommation d'alcool est un sujet épineux aux États-Unis depuis l'époque coloniale. Omniprésente dans la société, la boisson est surtout consommée dans les saloons, lieux de rencontre très importants pour le peuple américain. Ce type d'établissement foisonne à la veille de la Prohibition, puisque l'on compte un saloon pour 300 habitants. Dès le XIXe siècle, plusieurs voix du camp puritain s'élèvent contre leurs pratiques, et on assiste en 1830 à l'apparition de différentes pensées politiques locales encourageant à la tempérance en matière d'alcool, telles que celles véhiculées par deux politiciens du Maine, James Appleton (1786-1862) et Neal Dow (1804-1897). Ce dernier fait d'ailleurs de Portland la première ville « sèche » des États-Unis en 1840. Si ses motivations sont surtout guidées par un certain rejet des immigrés, parmi lesquels on compte de nombreux tenanciers de saloons et vendeurs d'alcool, Neal Dow est bel et bien le père de la Prohibition.

À sa suite, plusieurs États et villes décident d'interdire l'alcool durant les années 1850, mais le mouvement s'essouffle rapidement, excepté dans l'État du Maine qui poursuit l'interdiction entre 1851 et 1856. Après la guerre civile (1861-1865), ce sont les femmes qui relancent la contestation. Suivant l'exemple de Dioclesian Lewis (1823-1886), un prédicateur qui avait pour habitude de se rendre dans les tavernes pour prier au milieu des consommateurs, Eliza Thompson (1816-1905), la fille du gouverneur de l'Ohio Allen Trimble (1783-1870), accompagnée de femmes de la classe moyenne, chante des hymnes dans les commerces de spiritueux et prie pour leur fermeture. Si dans certains cas sa demande est entendue, le mouvement finit par péricliter, et les établissements qui avaient été fermés sont rouverts.

Dans les années 1860-1870, d'autres activistes tentent de rallumer la flamme de la Prohibition sans y parvenir véritablement. Mais, en 1874, la situation évolue avec le mouvement féministe pour la tempérance. Cette organisation, connue sous le nom de *Women's Christian Temperance Union* (WCTU, « Union chrétienne des femmes pour la tempérance »), se développe et prend de l'ampleur sous la houlette de Frances Willard (suffragiste et militante féministe américaine, 1839-1898) qui règne d'une main de fer sur ses troupes pendant 25 ans.

LE MOUVEMENT S'ORGANISE

Si le combat contre l'alcool est, dans un premier temps, un mouvement marginal, il devient progressivement le cheval de bataille d'organisations plus structurées comme le WCTU. Mais c'est la création de l'*Anti-Saloon League* (« ligue anti-saloon ») en 1893, dirigée principalement par de riches protestants et des hommes d'affaires, qui dynamise la lutte. La figure la plus marquante de ce mouvement est l'avocat Wayne Wheeler (1869-1927), considéré comme l'un des précurseurs du lobbyisme (activités de pression réalisées autour d'autorités politiques afin de défendre certains intérêts) aux États-Unis.

À partir de ce moment, l'idée d'interdire la vente et la fabrication d'alcool se développe dans toutes les strates de la société américaine. Henry Ford (industriel américain, 1863-1947), par exemple, prône l'abstinence auprès de ses ouvriers et n'hésite pas à licencier les alcooliques. En 1910, une vingtaine d'États proscrit la vente d'alcool et, trois ans plus tard, James Franklin Hanly (1863-1920), l'ancien gouverneur de l'Indiana, lance un appel pour que l'interdiction soit étendue à toute la nation. La lutte est en effet loin d'être uniforme sur l'ensemble du territoire, et les pratiques divergent parfois au sein même d'un État. Ainsi, dans l'Ohio où l'alcool est prohibé dès le début du siècle, certaines grandes villes de l'État, comme Cincinnati, continuent d'en proposer.

Alors que la Prohibition devait limiter la consommation d'alcool, on remarque qu'elle engendre la clandestinité. On dénombre ainsi dans l'Ohio 7 050 saloons en 1908, et 690 nouvelles enseignes trois ans plus tard.

LA PROHIBITION ET LA LUTTE SOCIALE

Les rangs des prohibitionnistes sont extrêmement variés. Certains sont guidés par une conscience sociale et voient en l'alcool un instrument d'asservissement des ouvriers contre lequel il faut lutter, au même titre qu'il est nécessaire de combattre la ségrégation ou encore d'interdire le travail des enfants. Progressistes, abolitionnistes et syndicalistes se côtoient donc pour que soient fermés les lieux de boisson et de débauche. À ceux-ci s'ajoutent de farouches conservateurs qui perçoivent l'alcool comme un fléau apporté de l'Europe par l'immigration. La Prohibition est donc pour eux une mesure à prendre contre les étrangers venus s'installer aux États-Unis et qui corrompent l'Amérique.

LA PROHIBITION ET LA PREMIÈRE
GUERRE MONDIALE

Le contexte de la Première Guerre mondiale sert grandement la cause prohibitionniste. En effet, le nationalisme visible des Germano-Américains, souvent patrons de bars, excède la population américaine. Alors, pour les mettre à mal, Wayne Wheeler lance une habile propagande et un important lobbying qui fait apparaître les immigrés allemands et leur penchant pour l'alcool comme étant à la source des maux de la société. Pourtant, lorsque le pays entre en guerre, les Germano-Américains se rangent bel et bien sous la bannière étoilée, mais le travail de la ligue anti-saloon porte ses fruits et la communauté est dénigrée malgré son engagement. En outre, l'utilisation des céréales, une denrée qui devient de plus en plus rares en ces temps de conflit, pour distiller de l'alcool et non pour nourrir le peuple et participer à l'effort de guerre alimente également la colère à l'égard des fabricants et des vendeurs de spiritueux.

GEORGE REMUS, AVOCAT GERMANO-AMÉRICAIN

Né en Allemagne en 1874, George Remus immigre avec sa famille à l'âge de cinq ans aux États-Unis. Adolescent, il travaille dans une pharmacie pour subvenir aux besoins de son entourage, son père ne pouvant plus travailler. À 19 ans, il achète la pharmacie dans laquelle il officie pour la revendre cinq ans plus tard. Lassé par ce métier, il devient avocat pénaliste, et compte parmi ses clients plusieurs figures de la pègre de l'époque comme Johnny Torrio (1882-1957).

Lorsque le XVIIIe amendement est ratifié, George Remus se rend compte qu'il y a là un profit intéressant à engranger. Il déménage alors à Cincinnati, où se concentrent 80 % des distilleries, en vue d'en acquérir une. Son plan consiste à y fabriquer du whisky, officiellement à des fins pharmaceutiques. En parallèle, il ouvre plusieurs pharmacies servant à écouler l'alcool produit. Dès que l'un de ses magasins devient trop visible et risque d'attirer l'attention, il le ferme pour en rouvrir un autre, devenant l'un des *bootleggers* (contrebandiers d'alcool) les plus audacieux de sa génération. Bien évidemment, l'alcool est rarement utilisé dans ce but mais est vendu à des bars clandestins au prix de 80 dollars la caisse de 12 litres. Après trois années d'exercice, sa fortune s'élève à 40 millions de dollars.

Désireux d'aller plus loin, il s'associe à George Conners, qu'il charge de vendre le whisky, et à un employé d'*American Express*, Harry Straton, qui utilise son entreprise pour envoyer des caisses d'alcool dans l'ensemble des États-Unis. Mais l'entreprise est découverte et George Remus est contraint de changer de tactique. Il fait alors construire *La ferme de la Vallée de la mort*, une distillerie dissimulée dans une ferme aux allures de forteresse. En plus de ce camp fortifié, il met en place un réseau de camions blindés pour livrer ses stocks à travers le pays. Afin de s'assurer la loyauté de ses chauffeurs, George Remus leur fournit un bon salaire, un lit, un couvert et du whisky. Il distribue également d'importants pots-de-vin aux autorités pour qu'elles ferment les yeux sur son trafic.

Il est toutefois démasqué en 1925 et condamné à deux ans de prison pour contrebande d'alcool. Deux ans plus tard, sa femme Imogene demande le divorce après l'avoir escroqué avec un policier corrompu. Alors qu'elle se rend au tribunal pour le verdict, George Remus l'abat d'une balle dans l'abdomen. Il plaide ensuite la folie et n'écope que d'une légère peine dans un institut spécialisé.

Il termine ses jours modestement dans le Kentucky, où il décède en 1952.

ALPHONSE CAPONE, DIT AL CAPONE, GANGSTER AMÉRICAIN

Surnommé *Scarface* (« le balafré ») en raison de la cicatrice qu'il porte sur la joue gauche, Al Capone est l'un des plus célèbres gangsters de l'histoire américaine. Fils d'immigrants napolitains, il naît en 1899 et grandit à Brooklyn. S'il est considéré comme un bon élève, son destin bascule lorsqu'il frappe l'un de ses professeurs à l'âge de 14 ans. À 20 ans, il devient le protégé du mafieux Johnny Torrio, son voisin à New York. Peu de temps après, il rejoint le gang des *Five Pointers* et obtient le poste de videur d'un bar appartenant au bandit local Frankie Yale (1893-1928).

En 1918, il épouse une femme d'origine irlandaise, Mae Coughlin (1897-1986), et quitte New York pour Baltimore, avec l'idée de commencer un métier plus respectable, celui de comptable. Mais sa nouvelle carrière est de courte durée puisque, dès 1920, il retourne auprès de Johnny Torrio à Chicago et gravit les échelons au sein de son organisation jusqu'à devenir son premier lieutenant.

Cinq ans plus tard, alors qu'il vient d'échapper à une tentative d'assassinat orchestrée par les proches de Charles Dean O'Banion (mafieux irlando-américain, 1892-1924), Johnny Torrio décide de prendre sa retraite en Italie, abandonnant son empire estimé à plusieurs centaines de millions de dollars. Al Capone est alors seul maître à bord et livre pendant les années vingt une guerre sans merci à ses concurrents directs que sont Bugs Moran (1896-1957) et Hymie Weiss (1898-1926), transformant Chicago en capitale du crime. Il amasse pendant toutes ces années une fortune colossale grâce à ses nombreux bars clandestins, ses maisons closes et ses quelques commerces légaux (des boucheries et des poissonneries). En parallèle, il organise un gigantesque système de racket et d'inti-midation. Les établissements qui refusent d'acheter son alcool sont souvent victimes d'attentats à la bombe. Mais si le gangster accu-mule beaucoup d'argent, il doit toutefois faire face à de nombreux frais, dont ceux engendrés par la corruption policière.

Cependant, le massacre de la Saint-Valentin qu'il a lui-même orches-tré vient ternir, aux yeux de la population, son image de voleur au grand cœur qui se moque des autorités. Si après les faits il écope d'une peine d'un an de prison pour port d'arme illégal, il s'agit en réalité d'une arrestation arrangée dans le but de calmer l'opinion publique qui voit maintenant en lui un dangereux assassin, mais également en vue de protéger ses rivaux.

Malgré les nombreuses accusations dont il fait l'objet, la police ne parvient pas à prouver la culpabilité d'Al Capone. Toutefois, après une longue enquête sur ses finances, il est condamné à 11 ans de réclusion pour évasion fiscale le 24 octobre 1931. Atteint depuis de longues années déjà de la syphilis, son état s'aggrave en prison. Il est alors libéré en 1939 sous conditions, et décède en 1947 d'un arrêt cardiaque après trois jours de coma.

LA PROHIBITION

AU REGARD DE LA LOI

Ratifié le 16 janvier 1919, le *Volstead Act* renforce le XVIIIᵉ amendement et entre en vigueur dès 1920. Il porte le nom du représentant du Minnesota, Andrew Volstead (1860-1947), qui, guidé par Wayne Wheeler, mène le projet de loi. Si la Prohibition cherche à lutter contre l'abus d'alcool, elle n'interdit pas complètement les spiritueux. Il est en effet possible d'en posséder chez soi et, par conséquent, d'en acheter. La loi autorise notamment le vin sacramentel, le cidre, l'alcool prescrit sur ordonnance, celui utilisé dans l'industrie ou dans certains produits ménagers et de consommation. Les brasseries ont également le droit de produire de la bière si l'alcool présent est inférieur à 0,5°. Toute boisson dépassant ce niveau est interdite, depuis la fabrication jusqu'à la vente et au transport. En cas de violation de la loi, les amendes peuvent monter jusqu'à 1 000 dollars et le contrevenant peut écoper de 30 jours de prison dès la première infraction. S'il y a récidive, l'amende s'élève à 10 000 dollars et le condamné risque une peine d'un an de prison. Le *Volstead Act* interdit également la publicité vantant l'alcool et la possession d'objets permettant la distillation. Mais elle ne s'exprime pas sur la détention et la consommation d'alcool dans le cercle privé.

Dans la continuité de la promulgation du *Volstead Act* est créé le *Bureau of Prohibition* qui recrute 1 500 agents, dont des douaniers et des agents fiscaux, et qui reçoit un budget de trois millions de dollars. Placé sous la tutelle de l'*Internal Revenue Service* (agence gouvernementale chargée de collecter l'impôt), ce bureau est chargé de faire respecter les lois fiscales, d'effectuer des descentes dans les bars clandestins et d'enquêter sur les irrégularités commises. Cependant, le recrutement de ses effectifs n'est pas toujours rigoureux, et le service est rapidement corrompu.

UNE NOUVELLE FAÇON DE CONSOMMER

La veille de l'application de la loi, les restaurants et tavernes de l'ensemble du pays célèbrent une dernière fois la liberté de boire en public. Mais l'Amérique ne peut se résoudre à abandonner l'alcool, et, dès le lendemain, apparaît déjà l'idée qu'il faut trouver un moyen de contourner le *Volstead Act*. Consommer des boissons alcoolisées malgré l'interdiction devient alors une manière d'affirmer sa liberté. Remarquant les nouveaux comportements que la loi a engendrés, de nombreux bars clandestins ou *speakeasies* ouvrent leurs portes dans les grandes villes afin de satisfaire la demande et, chose nouvelle, les femmes y sont admises.

SPEAKEASY

Aussi appelé *blind pig* (« cochon aveugle »), bien que ce dernier correspond souvent à des bouges de mauvaise qualité, le *speakeasy* est un type de bar clandestin qui fleurit durant la Prohibition. Principalement tenus par la pègre, ils offrent diverses attractions allant du concert de jazz à la restauration. S'ils prospèrent durant cette période, c'est principalement grâce aux policiers corrompus qui préviennent les tenanciers des descentes et qui ferment les yeux sur leurs activités.

La Prohibition amène également une nouvelle manière de consommer, comme en atteste la démocratisation des cocktails. En effet, comme l'alcool est fabriqué clandestinement avec des produits de mauvaise qualité n'obéissant pas toujours aux normes sanitaires, son goût est souvent infect. Pour l'améliorer, nombreux sont ceux qui choisissent de le mélanger à d'autres ingrédients.

Plus problématique encore que le goût désagréable des boissons, les fabricants ont parfois recours à des produits dangereux lors de la distillation, ce qui provoque de nombreux décès.

LE CRIME ORGANISÉ

L'approvisionnement des tavernes passe par des réseaux clandestins, et, pour ce faire, les gangsters ne manquent pas d'imagination. Il y a ceux qui rachètent des brasseries et des distilleries ou qui s'associent avec les tenanciers déjà en place. Ces derniers, fournissant le savoir-faire, n'hésitent pas à couper leur production avec d'autres produits pour augmenter leur rentabilité. D'autres qui font venir clandestinement du gin, du whisky et du rhum en provenance du Canada, des Antilles, du Mexique et parfois même d'Europe. Véritable plaque tournante de la contrebande, Saint-Pierre-et-Miquelon (archipel français d'Amérique du Nord) n'a jamais connu plus grande prospérité qu'à cette période.

Les pays limitrophes sont peu enclins à soutenir les États-Unis dans leur croisade anti-alcool, même si les diplomates américains ont pour mission d'œuvrer contre ce nouveau commerce. Mais rien ne parvient à arrêter le réseau. Si certains choisissent de jouer avec les règles en implantant à l'étranger des distilleries pour continuer à produire, d'autres préfèrent cacher en lieu sûr leur cargaison et l'écouler au fur et à mesure, et d'autres encore, sans scrupules, ont recours au vol et à la corruption. La consommation n'étant pas considérée comme une faute morale, les truands qui parviennent à fournir l'alcool apparaissent aux yeux de l'opinion publique comme des voleurs au grand cœur défiant un pouvoir tout autant corrompu. Il est d'ailleurs de notoriété publique que le président républicain Warren G. Harding (1865-1923), alors en fonction, boit à la Maison-Blanche avec ses conseillers, contribuant ainsi au climat délétère et surréaliste de cette décennie.

Si la Prohibition n'a pas créé le crime organisé, elle l'a tout de même favorisé et a permis aux gangsters de se construire de véritables empires. Apparaissent donc à cette période de nombreux criminels avides de s'enrichir rapidement. Face à cette armée de bandits, certains policiers choisissent de ne pas se laisser corrompre et luttent avec une telle ardeur qu'ils finissent par devenir de véritables légendes. C'est le cas de l'agent du Trésor Eliot Ness (1903-1957) et de son équipe d'« incorruptibles » qui font tomber Al Capone, ou de policiers extravagants, tels qu'Izzy Einstein (1880-1938) et Moe Smith (1887-1961), qui, grâce à leurs déguisements, sont responsables de 20 % des arrestations liées à la Prohibition entre 1920 et 1925 à New York.

LA FIN DE LA PROHIBITION

Dans les années vingt, la corruption touche tous les niveaux du pouvoir. Les maires des grandes villes, tels que Jimmy Walker (1881-1946) à New York, entretiennent des liens avec la mafia ; les sénateurs remplissent les caves du Sénat de spiritueux, et les proches du président Harding sont également touchés. En outre, les nombreuses guerres entre gangs qui agitent les plus grandes villes terrorisent la population. La Prohibition apparaît donc comme un profond échec, d'autant plus qu'aucune des mesures prises n'est parvenue à réduire le nombre de morts liés à l'alcool. Bien au contraire ! Si les décès diminuent après la Première Guerre mondiale, dès 1921, on compte 1,8 décès causé par l'alcool pour 100 000 habitants, et ce chiffre passe à 2,6 deux ans plus tard.

Par conséquent, en 1923, certains États comme le Nevada, le Montana et New York décident de ne plus intervenir dans les délits liés à la Prohibition, laissant au FBI et au *Bureau of Prohibition* le soin de sévir. Le mouvement perd ainsi de son importance. Des citoyens et des politiciens s'élèvent alors contre le *Volstead Act* pour en montrer les failles (perte de revenus liés aux taxes sur les ventes d'alcool, inefficacité de la loi, atteinte aux libertés individuelles, etc.). Le krach boursier de 1929 n'arrange en rien la situation, et la crise économique qui s'ensuit pousse l'administration du président démocrate Franklin Roosevelt (1882-1945), soucieuse de percevoir un maximum de taxes, à abroger le XVIIIe amendement en 1933 par le *Blaine Act*.

Alors que la nouvelle loi reçoit l'approbation de la majorité, dans les faits, le *Blaine Act* passe quasiment inaperçu car certains États continuent d'appliquer la Prohibition. 33 États permettent à leurs localités de légiférer librement sur la question. Villes et comtés peuvent donc rester « secs » s'ils le souhaitent, mais ceux qui autorisent à nouveau la consommation ne voient pas de réelles différences par rapport à ce qu'il se passait durant les années vingt où, somme toute, il n'était pas si difficile de se procurer de l'alcool. Aujourd'hui encore la situation sur le territoire reste disparate au niveau local, même si les *dry counties* (« comtés secs ») sont surtout concentrés dans la partie sud des États-Unis.

RÉPERCUSSIONS

UN GOUFFRE FINANCIER

Le *Blaine Act* vient balayer une loi coûteuse contre laquelle plusieurs associations se sont soulevées. En effet, la première conséquence de la Prohibition est bien le manque à gagner. L'association *Against the Prohibition Amendment* et la *Women's Organization for National Prohibition Reform* pointent rapidement du doigt les pertes en taxes liées au commerce de l'alcool. D'après les calculs de ces deux organisations, elles s'élèvent à 850 millions de dollars par an, alors que 40 millions sont utilisés annuellement pour renforcer les moyens de lutte contre le trafic de spiritueux.

Après le krach boursier de 1929, il devient difficile pour le Gouvernement de légitimer auprès de l'opinion publique une politique qui vide autant les caisses de l'État et qui entraîne une vague de corruption dont les bénéficiaires ne sont autres que les *bootleggers*, les gangsters et autres politiciens véreux. En outre, l'Américain moyen se sent dupé par le *Volstead Act* puisqu'il continue à boire malgré la Prohibition, mais débourse pour ce faire plus d'argent.

UNE PÉRIODE SOMBRE
DE L'HISTOIRE AMÉRICAINE

Au-delà du manque à gagner, le XVIIIe amendement et le *Volstead Act* mettent surtout à mal la sécurité de la population. En effet, la fin de la Prohibition ne marque pas celle du crime organisé, dont elle a contribué au développement, et les cités du Nord-Est sont meurtries par les règlements de compte. La ville de Chicago devient ainsi un véritable lieu de perdition, où le profit, l'argent facile et les plaisirs immédiats priment sur les valeurs de force et de courage que l'Amérique tente d'inculquer à ses citoyens.

Dès les années trente, cinéastes et journalistes se saisissent de cette montée en puissance de la violence et se régalent des histoires de guerre des gangs et de malfrats, donnant à certaines villes un visage terrifiant. Les films de l'époque placent ainsi au centre de leur intrigue l'influence des bandits sur les politiciens, les figures d'avocats véreux et les gangs sanguinaires, ce qui contribue à diffuser l'image d'un monde corrompu. L'industrie cinématographique va même plus loin en employant de nombreux bandits repentis comme acteurs ou conseillers, conférant aux récits un aspect quasi documentaire.

En outre, la Prohibition, par la multiplication des *speakeasies*, ravage la physionomie des villes. Ces établissements entraînent non seulement la criminalité, mais provoquant aussi d'importantes nuisances et la détérioration de certains quartiers. Cette décennie de crimes bouleverse également la mentalité des Américains qui ont perdu toute confiance en leurs institutions, tombées elles aussi sous la coupe de la pègre, et en leur police, au sein de laquelle la corruption est devenue endémique.

LA RÉORGANISATION DU CRIME

Le *Blaine Act* voté, les nouveaux bandits ne s'investissent pas pour autant dans des professions légales, mais poursuivent leurs activités en se concentrant sur d'autres domaines (le racket, le trafic de drogue, le contrôle de la prostitution, etc.). Soucieux de leur image, certains truands utilisent la crise pour redorer leur blason et asseoir leur pouvoir sur une ville. Ainsi, en 1931, Al Capone ouvre l'une des premières soupes populaires et fait profiter ceux qui ont perdu leur travail suite au krach de 1929 de ses largesses.

Toutefois, les relations entre les politiciens et les gangsters changent. Avant le *Volstead Act* de 1919, de nombreux truands étaient au service d'hommes politiques et les aidaient notamment à truquer les élections ou à intimider leurs adversaires. Mais devant la nouvelle puissance financière des criminels et le pouvoir qui en émane, les relations s'inversent. Dans bien des cas, c'est désormais aux hommes politiques de rendre des services aux gangsters.

En outre, les bandits transforment profondément leur manière de fonctionner. C'en est terminé des règlements de compte sanguinaires. Désormais, la nouvelle génération s'organise en cartels afin de se partager le marché d'une ville, d'intégrer progressivement le tissu social et de rester discrète pour mieux s'enrichir et survivre.

DES OBJECTIFS MANQUÉS

La Prohibition, qui n'aura duré qu'une dizaine d'années, n'a qu'un impact minime sur les États-Unis. Cette période peut être perçue comme une parenthèse dans l'histoire du pays, pendant laquelle le rêve des législateurs anti-alcool s'est heurté à une coriace réalité. Alors que la Prohibition devait bannir l'alcoolisme, diminuer les violences, éradiquer la pauvreté et réduire les maladies mentales, la consommation de spiritueux est devenue quelque chose de « glamour » et d'audacieux, donnant aux plus jeunes l'envie de fréquenter ces nouveaux lieux devenus interdits, voire de devenir d'élégants et fortunés *bootleggers* ou plus généralement des gangsters.

EN RÉSUMÉ

- Alors que l'alcool est un sujet controversé aux États-Unis, différentes associations se forment afin de promouvoir les bienfaits de la tempérance à la fin du XIXᵉ siècle. Les deux plus importantes sont le WCTU en 1874 et l'*Anti-Saloon League* en 1893. Menés par de nombreuses femmes et par le médiatique avocat Wayne Wheeler, ces mouvements amènent l'instauration de la Prohibition. Par un jeu d'influence et de pression, cette période marque le début du lobbying aux États-Unis.

- Le 16 janvier 1919, le XVIIIᵉ amendement est ratifié à une écrasante majorité. La loi entre en vigueur un an plus tard et vise à interdire la fabrication, la vente et le transport d'alcool de plus de 0,5°. Elle est complétée quelques mois plus tard par le *Volstead Act* qui interdit la production, la vente et la distribution d'alcool aux bars et restaurants.

- Mais les Américains veulent continuer à boire malgré la législation. Alors, pour les satisfaire, de nombreux bars clandestins ouvrent leurs portes et accueillent les hommes ainsi que, pour la première fois, les femmes.

- Pour contenter l'importante demande, des réseaux illégaux se créent, et on voit apparaître de nouveaux gangsters désireux d'obtenir eux aussi leur part de ce marché si lucratif. La Prohibition favorise donc paradoxalement le crime organisé et ouvre une période de profonde corruption. Si dans un premier temps l'image du gangster au grand cœur domine, elle est rapidement ternie par la violence qu'ils exercent les uns contre les autres, terrorisant de ce fait la population.

- Le krach boursier de 1929 marque le début de la Grande Dépression. Le manque à gagner des taxes sur le commerce de l'alcool s'avère pour beaucoup totalement inacceptable dans ce contexte de crise. Les hommes politiques et une partie des citoyens se soulèvent. C'en est fini de la Prohibition ! Une loi, le *Blaine Act*, entérine la décision le 17 février 1933.

- Alors que l'alcool est à nouveau autorisé, on assiste à une mutation du crime organisé vers d'autres activités illégales. Les guerres de gangs perdurent et marquent profondément certaines villes. Si la Prohibition est bel et bien abolie, la violence, elle, continue de faire des ravages.

POUR ALLER PLUS LOIN

SOURCES BIBLIOGRAPHIQUES

- BEHR (Edward), *L'Amérique hors la loi. La folle épopée de la Prohibition*, Paris, Plon, 1996.
- BURNS (Eric), *The Spirits of America: A Social History of Alcohol*, Philadelphie, Temple University Press, 2003.
- FOUCRIER (Annick), *Les gangsters et la société américaine (1920-1960)*, Paris, Ellipses, 2001.
- LERNER (Michael), *Dry Manhattan: Prohibition in New York City*, Cambridge, Harvard in University Press, 2007.
- MARTIN (Jean-Pierre), *La vertu par la loi. La Prohibition aux États-Unis : 1920-1933*, Dijon, Publications de l'université de Bourgogne, 1993.
- MELANDRI (Pierre), *Histoire des États-Unis. Le déclin ?*, t. 2, Paris, Perrin, 2008.
- TROCMÉ (Hélène), *Chicago 1890-1930. Audaces et débordements*, Paris, Éditions Autrement, 2001.

FILMS ET SÉRIES

- *The Untouchables*, série de Quinn Martin, avec Robert Stack, Abel Fernadez et Nicholas Georgiade, États-Unis, 1959-1963.
- *The Moonshine War* (*La Guerre des bootlegers*), film de Richard Quine, avec Patrick McGoohan, Richard Widmark et Alan Alda, États-Unis, 1970.
- *The Untouchables* (*Les Incorruptibles*), film de Brian de Palma, avec Kevin Costner, Sean Connery et Robert de Niro, États-Unis, 1987.

- *Miller's Crossing*, film des frères Coen, avec Gabriel Byrne, John Turturo et Marcia Gay Harden, États-Unis, 1990.
- *Boardwalk Empire*, série de Terence Winter, avec Steve Buscemi, Michael Pitt et Michael Shannon, États-Unis, 2010.

SOYEZ LÀ
OÙ ON NE VOUS ATTEND PAS !

www.50minutes.com

www.50minutes.com

Éditeur responsable : Lemaitre Publishing
Rue Lemaitre 4 | BE-5000 Namur
info@lemaitre-editions.com

ISBN ebook : 978-2-8062-5936-3
ISBN papier : 978-2-8062-5937-0
Dépôt légal : D/2015/12603/53
Photo de couverture : © *Bottled politics*, 17 octobre 1883.

Conception numérique : Primento,
le partenaire numérique des éditeurs